Registre unique du personnel

Conforme aux obligations légales du décret

n°2014-1420 du 27 novembre 2014

Le Registre Bleu Blanc Rouge

ISBN-13: 978-1530510351

ISBN-10: 153051035X

Société : ……………………………………….

N° Siret : ………………………………………

Adresse : ……………………………………..

……………………………………………….

……………………………………………….

Sommaire :

Ce registre dispose de 40 entrées pour les salariés et de 12 entrées pour les stagiaires.

Le registre unique du personnel : rappel règlementaire :

Établi par l'employeur, quel que soit l'effectif de l'entreprise, le registre unique du personnel permet de s'assurer de la transparence des emplois dans chaque établissement de l'entreprise. Il doit comporter des mentions obligatoires concernant l'identification des salariés, les dates d'embauche et de départ, les contrats de travail.
Les mentions portées sur le registre unique du personnel sont conservées pendant 5 ans à compter de la date à laquelle le salarié a quitté l'établissement.
Toute infraction est punie d'une sanction pénale.

Quels sont les employeurs concernés ?

Tout employeur est tenu de tenir un registre unique du personnel.
Seules exceptions : les particuliers employeurs et les associations ayant recours au chèque emploi associatif.

Pour quels salariés ?

Le registre unique du personnel concerne tous les salariés de l'entreprise, y compris ceux mis à disposition par les entreprises de travail temporaire et les travailleurs à domicile. Il concerne également les stagiaires accueillis dans l'entreprise, selon les modalités précisées ci-dessous.

- Comme tout salarié, le travailleur étranger doit figurer dans le registre unique du personnel.
- L'employeur qui détache un ou plusieurs salariés, dans les conditions prévues aux articles L. 1262-1 et L. 1262-2 du code du travail adresse une déclaration, préalablement au détachement, à l'inspection du travail du lieu où débute la prestation. Cette déclaration est annexée au registre unique du personnel de l'entreprise qui accueille les salariés détachés. Cette disposition est issue de la loi n° 2014-790 du 10 juillet 2014 citée en référence, en vigueur depuis le 12 juillet 2014.)]

Quelles sont les obligations de l'employeur ?

Un registre par établissement

La tenue du registre du personnel est obligatoire au niveau de l'établissement. Conséquence : si l'entreprise comporte plusieurs établissements, l'employeur doit tenir dans chacun d'eux un registre du personnel.

Des mentions obligatoires

Les mentions portées dans le registre permettent d'identifier le salarié (ou, le cas échéant, le ou les stagiaires). Ces mentions sont les suivantes :

- nom et prénom,
- nationalité,
- date de naissance,

- sexe,
- emploi,
- qualification,
- dates d'entrée et de sortie de l'établissement
- lorsqu'une autorisation d'embauche ou de licenciement est requise, date de cette autorisation ou, à défaut, date de la demande d'autorisation,
- pour les travailleurs étrangers assujettis à la possession d'un titre autorisant l'exercice d'une activité salariée, type et numéro d'ordre du titre valant autorisation de travail,
- pour les travailleurs titulaires d'un contrat de travail à durée déterminée, mention « contrat à durée déterminée »,
- pour les salariés temporaires, mention « salarié temporaire » ainsi que nom et adresse de l'entreprise de travail temporaire,
- pour les travailleurs mis à disposition par un groupement d'employeurs, mention « mis à disposition par un groupement d'employeurs » ainsi que dénomination et adresse de ce dernier,
- pour les salariés à temps partiel, mention « salarié à temps partiel »,
- pour les jeunes travailleurs titulaires d'un contrat d'apprentissage ou de professionnalisation, mention « apprenti » ou « contrat de professionnalisation ».
En outre :

- une copie des titres autorisant l'exercice d'une activité salariée des travailleurs étrangers est annexée au registre unique du personnel et rendue accessible aux délégués du personnel et aux fonctionnaires et agents chargés de veiller à l'application du code du travail et du code de la sécurité sociale. Elle est tenue à leur disposition soit dans l'établissement, soit sur chaque chantier ou lieu de travail distinct de l'établissement pour ceux des travailleurs étrangers qui y sont employés ;
- une copie des déclarations de détachement mentionnées aux articles R. 1263-3, R. 1263-4 et R. 1263-6 du code du travail est annexée au registre unique du personnel et rendue accessible aux délégués du personnel et aux fonctionnaires et agents chargés de veiller à l'application du présent code et du code de la sécurité sociale. Elle est tenue à leur disposition soit dans l'établissement, soit sur chaque chantier ou lieu de travail distinct de l'établissement pour ceux des travailleurs détachés qui y sont employés ; cette disposition est issue du décret du 30 mars 2015 cité en référence, en vigueur depuis le 1er avril 2015.
Le personnel doit être inscrit en respectant l'ordre chronologique des embauches et de façon indélébile. Les mentions relatives à des événements postérieurs à l'embauche sont portées sur le registre unique du personnel au moment où ceux-ci surviennent. Les mentions portées sur le registre unique du personnel sont conservées pendant cinq ans à compter de la date à laquelle le salarié ou le stagiaire a quitté l'établissement.

Quelle forme doit revêtir le registre unique du personnel ?

Aucune forme particulière n'est imposée pour la tenue du registre.
Si l'employeur choisit d'utiliser d'autres moyens que le support papier - informatiques notamment - ceux-ci doivent offrir des garanties de contrôle équivalentes au support papier.

Les traitements informatisés des registres obligatoires (notamment du registre unique du personnel) sont dispensés de déclaration auprès de la Commission Nationale Informatique et Libertés (CNIL) lorsqu'ils répondent aux conditions fixées par la Délibération CNIL n° 2004-097 du 9 décembre 2004.

Quelles sont les sanctions en cas d'infraction ?

En cas de contrôle, le registre du personnel doit pouvoir être présenté.
Registre absent, mentions erronées ou incomplètes, la sanction est identique : l'employeur aura à s'acquitter de l'amende prévue pour les contraventions de la 4e classe (750 € au plus pour les personnes physiques, 3 750 € au plus pour les personnes morales), appliquée autant de fois qu'il y a de salariés concernés.

Les stagiaires sont-ils concernés ?

Les nom et prénoms des stagiaires accueillis dans l'établissement sont inscrits dans l'ordre d'arrivée, dans une partie spécifique du registre unique du personnel.

Pour chaque stagiaire concerné, les indications complémentaires, portées sur le registre unique du personnel ou pour les organismes ne disposant pas d'un registre unique du personnel dans tout autre document permettant de suivre les conventions de stage, sont les suivantes :

- Les nom et prénoms du stagiaire ;
- Les dates de début et de fin du stage (ou de la période de formation en milieu professionnel) ;
- Les nom et prénoms du tuteur ainsi que le lieu de présence du stagiaire.
Ces dispositions, issues du décret du 27 novembre 2014 pris en application de la loi n° 2014-788 du 10 juillet 2014, sont applicables au titre des conventions de stage conclues depuis le 1er décembre 2014.

Source :

http://travail-emploi.gouv.fr/droit-du-travail/contrats-et-carriere/article/le-registre-unique-du-personnel

Matricule	Matricule	Matricule
Nom de naissance	Nom de naissance	Nom de naissance
Nom d'usage	Nom d'usage	Nom d'usage
Prénom(s)	Prénom(s)	Prénom(s)
N° de sécurité sociale	N° de sécurité sociale	N° de sécurité sociale
Date de naissance	Date de naissance	Date de naissance
Nationalité	□ Française □	□ Française □ ....
Sexe	□ Masculin □ Féminin	□ Masculin □ Féminin
Emploi	Emploi	Emploi
Qualification	Qualification	Qualification
Date d'entrée	Date d'entrée	Date d'entrée
Date de sortie	Date de sortie	Date de sortie
Date de la demande ou autorisation d'embauche (si requise)	Date de la demande ou autorisation d'embauche (si requise)	Date de la demande ou autorisation d'embauche (si requise)
Date de la demande ou autorisation de licenciement (si requise)	Date de la demande ou autorisation de licenciement (si requise)	Date de la demande ou autorisation de licenciement (si requise)
Travailleurs étrangers assujettis à la possession d'un titre autorisant l'exercice d'une activité salariée :	Travailleurs étrangers assujettis à la possession d'un titre autorisant l'exercice d'une activité salariée :	Travailleurs étrangers assujettis à la possession d'un titre autorisant l'exercice d'une activité salariée :
Type de document	Type de document	Type de document
Numéro d'ordre du document (copie du document annexée au registre)	Numéro d'ordre du document (copie du document annexée au registre)	Numéro d'ordre du document (copie du document annexée au registre)
Apprenti	□ Apprenti	□ Apprenti
Contrat de professionnalisation	□ Contrat de professionnalisation	□ Contrat de professionnalisation
Contrat à Durée Déterminée	□ Contrat à Durée Déterminée	□ Contrat à Durée Déterminée
Salarié à temps partiel	□ Salarié à temps partiel	□ Salarié à temps partiel
Travail temporaire	□ Travail temporaire	□ Travail temporaire
Nom et adresse de l'entreprise de travail temporaire	Nom et adresse de l'entreprise de travail temporaire	Nom et adresse de l'entreprise de travail temporaire
Salarié mis à disposition par un groupement d'employeurs	□ Salarié mis à disposition par un groupement d'employeurs	□ Salarié mis à disposition par un groupement d'employeurs
Nom et adresse du groupement d'employeurs	Nom et adresse du groupement d'employeurs	Nom et adresse du groupement d'employeurs
Salarié détaché	□ Salarié détaché (déclaration préalable de détachement à annexer au registre)	□ Salarié détaché (déclaration préalable de détachement à annexer au registre)

Nom de naissance	Nom de naissance	Nom de naissance
Prénom(s)	Prénom(s)	Prénom(s)
Date de naissance	Date de naissance	Date de naissance
□ Française □ .... □ Masculin □ Féminin	□ Française □ .... □ Masculin □ Féminin	□ Française □ .... □ Masculin □ Féminin
Qualification	Qualification	Qualification
Date de sortie	Date de sortie	Date de sortie
Date de la demande ou autorisation de licenciement (si requise)	Date de la demande ou autorisation de licenciement (si requise)	Date de la demande ou autorisation de licenciement (si requise)
Type de document	Type de document	Type de document
(copie du document annexée au registre)	(copie du document annexée au registre)	(copie du document annexée au registre)
□ Apprenti	□ Apprenti	□ Apprenti
□ Contrat de professionnalisation □ Contrat à Durée Déterminée □ Salarié à temps partiel □ Travail temporaire	□ Contrat de professionnalisation □ Contrat à Durée Déterminée □ Salarié à temps partiel □ Travail temporaire	□ Contrat de professionnalisation □ Contrat à Durée Déterminée □ Salarié à temps partiel □ Travail temporaire
Nom et adresse de l'entreprise de travail temporaire	Nom et adresse de l'entreprise de travail temporaire	Nom et adresse de l'entreprise de travail temporaire
□ Salarié mis à disposition par un groupement d'employeurs	□ Salarié mis à disposition par un groupement d'employeurs	□ Salarié mis à disposition par un groupement d'employeurs
Nom et adresse du groupement d'employeurs	Nom et adresse du groupement d'employeurs	Nom et adresse du groupement d'employeurs
□ Salarié détaché (déclaration préalable de détachement à annexer au registre)	□ Salarié détaché (déclaration préalable de détachement à annexer au registre)	□ Salarié détaché (déclaration préalable de détachement à annexer au registre)

Matricule	Matricule	Matricule
Nom de naissance	Nom de naissance	Nom de naissance
Nom d'usage	Nom d'usage	Nom d'usage
Prénom(s)	Prénom(s)	Prénom(s)
N° de sécurité sociale	N° de sécurité sociale	N° de sécurité sociale
Date de naissance	Date de naissance	Date de naissance
Nationalité	□ Française □ …………….	□ Française □ …………….
Sexe	□ Masculin □ Féminin	□ Masculin □ Féminin
Emploi	Emploi	Emploi
Qualification	Qualification	Qualification
Date d'entrée	Date d'entrée	Date d'entrée
Date de sortie	Date de sortie	Date de sortie
Date de la demande ou autorisation d'embauche (si requise)	Date de la demande ou autorisation d'embauche (si requise)	Date de la demande ou autorisation d'embauche (si requise)
Date de la demande ou autorisation de licenciement (si requise)	Date de la demande ou autorisation de licenciement (si requise)	Date de la demande ou autorisation de licenciement (si requise)
Travailleurs étrangers assujettis à la possession d'un titre autorisant l'exercice d'une activité salariée :	Travailleurs étrangers assujettis à la possession d'un titre autorisant l'exercice d'une activité salariée :	Travailleurs étrangers assujettis à la possession d'un titre autorisant l'exercice d'une activité salariée :
Type de document	Type de document	Type de document
Numéro d'ordre du document (copie du document annexée au registre)	Numéro d'ordre du document (copie du document annexée au registre)	Numéro d'ordre du document (copie du document annexée au registre)
Apprenti	□ Apprenti	□ Apprenti
Contrat de professionnalisation	□ Contrat de professionnalisation	□ Contrat de professionnalisation
Contrat à Durée Déterminée	□ Contrat à Durée Déterminée	□ Contrat à Durée Déterminée
Salarié à temps partiel	□ Salarié à temps partiel	□ Salarié à temps partiel
Travail temporaire	□ Travail temporaire	□ Travail temporaire
Nom et adresse de l'entreprise de travail temporaire	Nom et adresse de l'entreprise de travail temporaire	Nom et adresse de l'entreprise de travail temporaire
Salarié mis à disposition par un groupement d'employeurs	□ Salarié mis à disposition par un groupement d'employeurs	□ Salarié mis à disposition par un groupement d'employeurs
Nom et adresse du groupement d'employeurs	Nom et adresse du groupement d'employeurs	Nom et adresse du groupement d'employeurs
Salarié détaché	□ Salarié détaché (déclaration préalable de détachement à annexer au registre)	□ Salarié détaché (déclaration préalable de détachement à annexer au registre)

Nom de naissance	Nom de naissance	Nom de naissance
Prénom(s)	Prénom(s)	Prénom(s)
Date de naissance	Date de naissance	Date de naissance
□ Française □ …………….. □ Masculin □ Féminin	□ Française □ …………….. □ Masculin □ Féminin	□ Française □ …………….. □ Masculin □ Féminin
Qualification	Qualification	Qualification
Date de sortie	Date de sortie	Date de sortie
Date de la demande ou autorisation de licenciement (si requise)	Date de la demande ou autorisation de licenciement (si requise)	Date de la demande ou autorisation de licenciement (si requise)
Type de document	Type de document	Type de document
(copie du document annexée au registre)	(copie du document annexée au registre)	(copie du document annexée au registre)
□ Apprenti	□ Apprenti	□ Apprenti
□ Contrat de professionnalisation □ Contrat à Durée Déterminée □ Salarié à temps partiel □ Travail temporaire	□ Contrat de professionnalisation □ Contrat à Durée Déterminée □ Salarié à temps partiel □ Travail temporaire	□ Contrat de professionnalisation □ Contrat à Durée Déterminée □ Salarié à temps partiel □ Travail temporaire
Nom et adresse de l'entreprise de travail temporaire	Nom et adresse de l'entreprise de travail temporaire	Nom et adresse de l'entreprise de travail temporaire
□ Salarié mis à disposition par un groupement d'employeurs	□ Salarié mis à disposition par un groupement d'employeurs	□ Salarié mis à disposition par un groupement d'employeurs
Nom et adresse du groupement d'employeurs	Nom et adresse du groupement d'employeurs	Nom et adresse du groupement d'employeurs
□ Salarié détaché (déclaration préalable de détachement à annexer au registre)	□ Salarié détaché (déclaration préalable de détachement à annexer au registre)	□ Salarié détaché (déclaration préalable de détachement à annexer au registre)

Matricule	Matricule	Matricule
Nom de naissance	Nom de naissance	Nom de naissance
Nom d'usage	Nom d'usage	Nom d'usage
Prénom(s)	Prénom(s)	Prénom(s)
N° de sécurité sociale	N° de sécurité sociale	N° de sécurité sociale
Date de naissance	Date de naissance	Date de naissance
Nationalité	□ **Française** □	□ **Française** □ ....
Sexe	□ **Masculin** □ **Féminin**	□ **Masculin** □ **Féminin**
Emploi	Emploi	Emploi
Qualification	Qualification	Qualification
Date d'entrée	Date d'entrée	Date d'entrée
Date de sortie	Date de sortie	Date de sortie
Date de la demande ou autorisation d'embauche (si requise)	Date de la demande ou autorisation d'embauche (si requise)	Date de la demande ou autorisation d'embauche (si requise)
Date de la demande ou autorisation de licenciement (si requise)	Date de la demande ou autorisation de licenciement (si requise)	Date de la demande ou autorisation de licenciement (si requise)
Travailleurs étrangers assujettis à la possession d'un titre autorisant l'exercice d'une activité salariée :	Travailleurs étrangers assujettis à la possession d'un titre autorisant l'exercice d'une activité salariée :	Travailleurs étrangers assujettis à la possession d'un titre autorisant l'exercice d'une activité salariée :
Type de document	Type de document	Type de document
Numéro d'ordre du document (copie du document annexée au registre)	Numéro d'ordre du document (copie du document annexée au registre)	Numéro d'ordre du document (copie du document annexée au registre)
Apprenti	□ **Apprenti**	□ **Apprenti**
Contrat de professionnalisation	□ **Contrat de professionnalisation**	□ **Contrat de professionnalisation**
Contrat à Durée Déterminée	□ **Contrat à Durée Déterminée**	□ **Contrat à Durée Déterminée**
Salarié à temps partiel	□ **Salarié à temps partiel**	□ **Salarié à temps partiel**
Travail temporaire	□ **Travail temporaire**	□ **Travail temporaire**
Nom et adresse de l'entreprise de travail temporaire	Nom et adresse de l'entreprise de travail temporaire	Nom et adresse de l'entreprise de travail temporaire
Salarié mis à disposition par un groupement d'employeurs	□ **Salarié mis à disposition par un groupement d'employeurs**	□ **Salarié mis à disposition par un groupement d'employeurs**
Nom et adresse du groupement d'employeurs	Nom et adresse du groupement d'employeurs	Nom et adresse du groupement d'employeurs
Salarié détaché	□ **Salarié détaché (déclaration préalable de détachement à annexer au registre)**	□ **Salarié détaché (déclaration préalable de détachement à annexer au registre)**

Nom de naissance	Nom de naissance	Nom de naissance
Prénom(s)	Prénom(s)	Prénom(s)
Date de naissance	Date de naissance	Date de naissance
□ **Française** □ **……………** □ **Masculin** □ **Féminin**	□ **Française** □ **……………** □ **Masculin** □ **Féminin**	□ **Française** □ **……………** □ **Masculin** □ **Féminin**
Qualification	Qualification	Qualification
Date de sortie	Date de sortie	Date de sortie
Date de la demande ou autorisation de licenciement (si requise)	Date de la demande ou autorisation de licenciement (si requise)	Date de la demande ou autorisation de licenciement (si requise)
Type de document	Type de document	Type de document
(copie du document annexée au registre)	(copie du document annexée au registre)	(copie du document annexée au registre)
□ **Apprenti**	□ **Apprenti**	□ **Apprenti**
□ **Contrat de professionnalisation** □ **Contrat à Durée Déterminée** □ **Salarié à temps partiel** □ **Travail temporaire**	□ **Contrat de professionnalisation** □ **Contrat à Durée Déterminée** □ **Salarié à temps partiel** □ **Travail temporaire**	□ **Contrat de professionnalisation** □ **Contrat à Durée Déterminée** □ **Salarié à temps partiel** □ **Travail temporaire**
Nom et adresse de l'entreprise de travail temporaire	Nom et adresse de l'entreprise de travail temporaire	Nom et adresse de l'entreprise de travail temporaire
□ **Salarié mis à disposition par un groupement d'employeurs**	□ **Salarié mis à disposition par un groupement d'employeurs**	□ **Salarié mis à disposition par un groupement d'employeurs**
Nom et adresse du groupement d'employeurs	Nom et adresse du groupement d'employeurs	Nom et adresse du groupement d'employeurs
□ **Salarié détaché (déclaration préalable de détachement à annexer au registre)**	□ **Salarié détaché (déclaration préalable de détachement à annexer au registre)**	□ **Salarié détaché (déclaration préalable de détachement à annexer au registre)**

Matricule	Matricule	Matricule
Nom de naissance	Nom de naissance	Nom de naissance
Nom d'usage	Nom d'usage	Nom d'usage
Prénom(s)	Prénom(s)	Prénom(s)
N° de sécurité sociale	N° de sécurité sociale	N° de sécurité sociale
Date de naissance	Date de naissance	Date de naissance
Nationalité	□ Française □	□ Française □ ....
Sexe	□ Masculin □ Féminin	□ Masculin □ Féminin
Emploi	Emploi	Emploi
Qualification	Qualification	Qualification
Date d'entrée	Date d'entrée	Date d'entrée
Date de sortie	Date de sortie	Date de sortie
Date de la demande ou autorisation d'embauche (si requise)	Date de la demande ou autorisation d'embauche (si requise)	Date de la demande ou autorisation d'embauche (si requise)
Date de la demande ou autorisation de licenciement (si requise)	Date de la demande ou autorisation de licenciement (si requise)	Date de la demande ou autorisation de licenciement (si requise)
Travailleurs étrangers assujettis à la possession d'un titre autorisant l'exercice d'une activité salariée :	Travailleurs étrangers assujettis à la possession d'un titre autorisant l'exercice d'une activité salariée :	Travailleurs étrangers assujettis à la possession d'un titre autorisant l'exercice d'une activité salariée :
Type de document	Type de document	Type de document
Numéro d'ordre du document (copie du document annexée au registre)	Numéro d'ordre du document (copie du document annexée au registre)	Numéro d'ordre du document (copie du document annexée au registre)
Apprenti	□ Apprenti	□ Apprenti
Contrat de professionnalisation	□ Contrat de professionnalisation	□ Contrat de professionnalisation
Contrat à Durée Déterminée	□ Contrat à Durée Déterminée	□ Contrat à Durée Déterminée
Salarié à temps partiel	□ Salarié à temps partiel	□ Salarié à temps partiel
Travail temporaire	□ Travail temporaire	□ Travail temporaire
Nom et adresse de l'entreprise de travail temporaire	Nom et adresse de l'entreprise de travail temporaire	Nom et adresse de l'entreprise de travail temporaire
Salarié mis à disposition par un groupement d'employeurs	□ Salarié mis à disposition par un groupement d'employeurs	□ Salarié mis à disposition par un groupement d'employeurs
Nom et adresse du groupement d'employeurs	Nom et adresse du groupement d'employeurs	Nom et adresse du groupement d'employeurs
Salarié détaché	□ Salarié détaché (déclaration préalable de détachement à annexer au registre)	□ Salarié détaché (déclaration préalable de détachement à annexer au registre)

Nom de naissance	Nom de naissance	Nom de naissance
Prénom(s)	Prénom(s)	Prénom(s)
Date de naissance	Date de naissance	Date de naissance
□ Française □ .... □ Masculin □ Féminin	□ Française □ .... □ Masculin □ Féminin	□ Française □ .... □ Masculin □ Féminin
Qualification	Qualification	Qualification
Date de sortie	Date de sortie	Date de sortie
Date de la demande ou autorisation de licenciement (si requise)	Date de la demande ou autorisation de licenciement (si requise)	Date de la demande ou autorisation de licenciement (si requise)
Type de document	Type de document	Type de document
(copie du document annexée au registre)	(copie du document annexée au registre)	(copie du document annexée au registre)
□ Apprenti	□ Apprenti	□ Apprenti
□ Contrat de professionnalisation □ Contrat à Durée Déterminée □ Salarié à temps partiel □ Travail temporaire	□ Contrat de professionnalisation □ Contrat à Durée Déterminée □ Salarié à temps partiel □ Travail temporaire	□ Contrat de professionnalisation □ Contrat à Durée Déterminée □ Salarié à temps partiel □ Travail temporaire
Nom et adresse de l'entreprise de travail temporaire	Nom et adresse de l'entreprise de travail temporaire	Nom et adresse de l'entreprise de travail temporaire
□ Salarié mis à disposition par un groupement d'employeurs	□ Salarié mis à disposition par un groupement d'employeurs	□ Salarié mis à disposition par un groupement d'employeurs
Nom et adresse du groupement d'employeurs	Nom et adresse du groupement d'employeurs	Nom et adresse du groupement d'employeurs
□ Salarié détaché (déclaration préalable de détachement à annexer au registre)	□ Salarié détaché (déclaration préalable de détachement à annexer au registre)	□ Salarié détaché (déclaration préalable de détachement à annexer au registre)

Matricule	Matricule	Matricule
Nom de naissance	Nom de naissance	Nom de naissance
Nom d'usage	Nom d'usage	Nom d'usage
Prénom(s)	Prénom(s)	Prénom(s)
N° de sécurité sociale	N° de sécurité sociale	N° de sécurité sociale
Date de naissance	Date de naissance	Date de naissance
Nationalité	□ Française □ ……………..	□ Française □ ……………..
Sexe	□ Masculin □ Féminin	□ Masculin □ Féminin
Emploi	Emploi	Emploi
Qualification	Qualification	Qualification
Date d'entrée	Date d'entrée	Date d'entrée
Date de sortie	Date de sortie	Date de sortie
Date de la demande ou autorisation d'embauche (si requise)	Date de la demande ou autorisation d'embauche (si requise)	Date de la demande ou autorisation d'embauche (si requise)
Date de la demande ou autorisation de licenciement (si requise)	Date de la demande ou autorisation de licenciement (si requise)	Date de la demande ou autorisation de licenciement (si requise)
Travailleurs étrangers assujettis à la possession d'un titre autorisant l'exercice d'une activité salariée :	Travailleurs étrangers assujettis à la possession d'un titre autorisant l'exercice d'une activité salariée :	Travailleurs étrangers assujettis à la possession d'un titre autorisant l'exercice d'une activité salariée :
Type de document	Type de document	Type de document
Numéro d'ordre du document (copie du document annexée au registre)	Numéro d'ordre du document (copie du document annexée au registre)	Numéro d'ordre du document (copie du document annexée au registre)
Apprenti	□ Apprenti	□ Apprenti
Contrat de professionnalisation	□ Contrat de professionnalisation	□ Contrat de professionnalisation
Contrat à Durée Déterminée	□ Contrat à Durée Déterminée	□ Contrat à Durée Déterminée
Salarié à temps partiel	□ Salarié à temps partiel	□ Salarié à temps partiel
Travail temporaire	□ Travail temporaire	□ Travail temporaire
Nom et adresse de l'entreprise de travail temporaire	Nom et adresse de l'entreprise de travail temporaire	Nom et adresse de l'entreprise de travail temporaire
Salarié mis à disposition par un groupement d'employeurs	□ Salarié mis à disposition par un groupement d'employeurs	□ Salarié mis à disposition par un groupement d'employeurs
Nom et adresse du groupement d'employeurs	Nom et adresse du groupement d'employeurs	Nom et adresse du groupement d'employeurs
Salarié détaché	□ Salarié détaché (déclaration préalable de détachement à annexer au registre)	□ Salarié détaché (déclaration préalable de détachement à annexer au registre)

Nom de naissance	Nom de naissance	Nom de naissance
Prénom(s)	Prénom(s)	Prénom(s)
Date de naissance	Date de naissance	Date de naissance
□ Française □ …………….. □ Masculin □ Féminin	□ Française □ …………….. □ Masculin □ Féminin	□ Française □ …………….. □ Masculin □ Féminin
Qualification	Qualification	Qualification
Date de sortie	Date de sortie	Date de sortie
Date de la demande ou autorisation de licenciement (si requise)	Date de la demande ou autorisation de licenciement (si requise)	Date de la demande ou autorisation de licenciement (si requise)
Type de document	Type de document	Type de document
(copie du document annexée au registre)	(copie du document annexée au registre)	(copie du document annexée au registre)
□ Apprenti	□ Apprenti	□ Apprenti
□ Contrat de professionnalisation □ Contrat à Durée Déterminée □ Salarié à temps partiel □ Travail temporaire	□ Contrat de professionnalisation □ Contrat à Durée Déterminée □ Salarié à temps partiel □ Travail temporaire	□ Contrat de professionnalisation □ Contrat à Durée Déterminée □ Salarié à temps partiel □ Travail temporaire
Nom et adresse de l'entreprise de travail temporaire	Nom et adresse de l'entreprise de travail temporaire	Nom et adresse de l'entreprise de travail temporaire
□ Salarié mis à disposition par un groupement d'employeurs	□ Salarié mis à disposition par un groupement d'employeurs	□ Salarié mis à disposition par un groupement d'employeurs
Nom et adresse du groupement d'employeurs	Nom et adresse du groupement d'employeurs	Nom et adresse du groupement d'employeurs
□ Salarié détaché (déclaration préalable de détachement à annexer au registre)	□ Salarié détaché (déclaration préalable de détachement à annexer au registre)	□ Salarié détaché (déclaration préalable de détachement à annexer au registre)

Matricule	Matricule	Matricule
Nom de naissance	Nom de naissance	Nom de naissance
Nom d'usage	Nom d'usage	Nom d'usage
Prénom(s)	Prénom(s)	Prénom(s)
N° de sécurité sociale	N° de sécurité sociale	N° de sécurité sociale
Date de naissance	Date de naissance	Date de naissance
Nationalité	□ Française □ …………….	□ Française □ …………….
Sexe	□ Masculin □ Féminin	□ Masculin □ Féminin
Emploi	Emploi	Emploi
Qualification	Qualification	Qualification
Date d'entrée	Date d'entrée	Date d'entrée
Date de sortie	Date de sortie	Date de sortie
Date de la demande ou autorisation d'embauche (si requise)	Date de la demande ou autorisation d'embauche (si requise)	Date de la demande ou autorisation d'embauche (si requise)
Date de la demande ou autorisation de licenciement (si requise)	Date de la demande ou autorisation de licenciement (si requise)	Date de la demande ou autorisation de licenciement (si requise)
Travailleurs étrangers assujettis à la possession d'un titre autorisant l'exercice d'une activité salariée :	Travailleurs étrangers assujettis à la possession d'un titre autorisant l'exercice d'une activité salariée :	Travailleurs étrangers assujettis à la possession d'un titre autorisant l'exercice d'une activité salariée :
Type de document	Type de document	Type de document
Numéro d'ordre du document (copie du document annexée au registre)	Numéro d'ordre du document (copie du document annexée au registre)	Numéro d'ordre du document (copie du document annexée au registre)
Apprenti	□ Apprenti	□ Apprenti
Contrat de professionnalisation	□ Contrat de professionnalisation	□ Contrat de professionnalisation
Contrat à Durée Déterminée	□ Contrat à Durée Déterminée	□ Contrat à Durée Déterminée
Salarié à temps partiel	□ Salarié à temps partiel	□ Salarié à temps partiel
Travail temporaire	□ Travail temporaire	□ Travail temporaire
Nom et adresse de l'entreprise de travail temporaire	Nom et adresse de l'entreprise de travail temporaire	Nom et adresse de l'entreprise de travail temporaire
Salarié mis à disposition par un groupement d'employeurs	□ Salarié mis à disposition par un groupement d'employeurs	□ Salarié mis à disposition par un groupement d'employeurs
Nom et adresse du groupement d'employeurs	Nom et adresse du groupement d'employeurs	Nom et adresse du groupement d'employeurs
Salarié détaché	□ Salarié détaché (déclaration préalable de détachement à annexer au registre)	□ Salarié détaché (déclaration préalable de détachement à annexer au registre)

Nom de naissance	Nom de naissance	Nom de naissance
Prénom(s)	Prénom(s)	Prénom(s)
Date de naissance	Date de naissance	Date de naissance
□ Française □	□ Française □	□ Française □ ....
□ Masculin □ Féminin	□ Masculin □ Féminin	□ Masculin □ Féminin
Qualification	Qualification	Qualification
Date de sortie	Date de sortie	Date de sortie
Date de la demande ou autorisation de licenciement (si requise)	Date de la demande ou autorisation de licenciement (si requise)	Date de la demande ou autorisation de licenciement (si requise)
Type de document	Type de document	Type de document
(copie du document annexée au registre)	(copie du document annexée au registre)	(copie du document annexée au registre)
□ Apprenti	□ Apprenti	□ Apprenti
□ Contrat de professionnalisation	□ Contrat de professionnalisation	□ Contrat de professionnalisation
□ Contrat à Durée Déterminée	□ Contrat à Durée Déterminée	□ Contrat à Durée Déterminée
□ Salarié à temps partiel	□ Salarié à temps partiel	□ Salarié à temps partiel
□ Travail temporaire	□ Travail temporaire	□ Travail temporaire
Nom et adresse de l'entreprise de travail temporaire	Nom et adresse de l'entreprise de travail temporaire	Nom et adresse de l'entreprise de travail temporaire
□ Salarié mis à disposition par un groupement d'employeurs	□ Salarié mis à disposition par un groupement d'employeurs	□ Salarié mis à disposition par un groupement d'employeurs
Nom et adresse du groupement d'employeurs	Nom et adresse du groupement d'employeurs	Nom et adresse du groupement d'employeurs
□ Salarié détaché (déclaration préalable de détachement à annexer au registre)	□ Salarié détaché (déclaration préalable de détachement à annexer au registre)	□ Salarié détaché (déclaration préalable de détachement à annexer au registre)

Matricule	Matricule	Matricule
Nom de naissance	Nom de naissance	Nom de naissance
Nom d'usage	Nom d'usage	Nom d'usage
Prénom(s)	Prénom(s)	Prénom(s)
N° de sécurité sociale	N° de sécurité sociale	N° de sécurité sociale
Date de naissance	Date de naissance	Date de naissance
Nationalité	□ Française □ …………….	□ Française □ …………….
Sexe	□ Masculin □ Féminin	□ Masculin □ Féminin
Emploi	Emploi	Emploi
Qualification	Qualification	Qualification
Date d'entrée	Date d'entrée	Date d'entrée
Date de sortie	Date de sortie	Date de sortie
Date de la demande ou autorisation d'embauche (si requise)	Date de la demande ou autorisation d'embauche (si requise)	Date de la demande ou autorisation d'embauche (si requise)
Date de la demande ou autorisation de licenciement (si requise)	Date de la demande ou autorisation de licenciement (si requise)	Date de la demande ou autorisation de licenciement (si requise)
Travailleurs étrangers assujettis à la possession d'un titre autorisant l'exercice d'une activité salariée :	Travailleurs étrangers assujettis à la possession d'un titre autorisant l'exercice d'une activité salariée :	Travailleurs étrangers assujettis à la possession d'un titre autorisant l'exercice d'une activité salariée :
Type de document	Type de document	Type de document
Numéro d'ordre du document (copie du document annexée au registre)	Numéro d'ordre du document (copie du document annexée au registre)	Numéro d'ordre du document (copie du document annexée au registre)
Apprenti	□ Apprenti	□ Apprenti
Contrat de professionnalisation	□ Contrat de professionnalisation	□ Contrat de professionnalisation
Contrat à Durée Déterminée	□ Contrat à Durée Déterminée	□ Contrat à Durée Déterminée
Salarié à temps partiel	□ Salarié à temps partiel	□ Salarié à temps partiel
Travail temporaire	□ Travail temporaire	□ Travail temporaire
Nom et adresse de l'entreprise de travail temporaire	Nom et adresse de l'entreprise de travail temporaire	Nom et adresse de l'entreprise de travail temporaire
Salarié mis à disposition par un groupement d'employeurs	□ Salarié mis à disposition par un groupement d'employeurs	□ Salarié mis à disposition par un groupement d'employeurs
Nom et adresse du groupement d'employeurs	Nom et adresse du groupement d'employeurs	Nom et adresse du groupement d'employeurs
Salarié détaché	□ Salarié détaché (déclaration préalable de détachement à annexer au registre)	□ Salarié détaché (déclaration préalable de détachement à annexer au registre)

Nom du naissance	Nom de naissance	Nom de naissance
Prénom(s)	Prénom(s)	Prénom(s)
Date de naissance	Date de naissance	Date de naissance
□ **Française** □ …………….. □ **Masculin** □ **Féminin**	□ **Française** □ …………….. □ **Masculin** □ **Féminin**	□ **Française** □ …………….. □ **Masculin** □ **Féminin**
Qualification	Qualification	Qualification
Date de sortie	Date de sortie	Date de sortie
Date de la demande ou autorisation de licenciement (si requise)	Date de la demande ou autorisation de licenciement (si requise)	Date de la demande ou autorisation de licenciement (si requise)
Type de document	Type de document	Type de document
(copie du document annexée au registre)	(copie du document annexée au registre)	(copie du document annexée au registre)
□ **Apprenti** □ **Contrat de professionnalisation** □ **Contrat à Durée Déterminée** □ **Salarié à temps partiel** □ **Travail temporaire**	□ **Apprenti** □ **Contrat de professionnalisation** □ **Contrat à Durée Déterminée** □ **Salarié à temps partiel** □ **Travail temporaire**	□ **Apprenti** □ **Contrat de professionnalisation** □ **Contrat à Durée Déterminée** □ **Salarié à temps partiel** □ **Travail temporaire**
Nom et adresse de l'entreprise de travail temporaire	Nom et adresse de l'entreprise de travail temporaire	Nom et adresse de l'entreprise de travail temporaire
□ **Salarié mis à disposition par un groupement d'employeurs**	□ **Salarié mis à disposition par un groupement d'employeurs**	□ **Salarié mis à disposition par un groupement d'employeurs**
Nom et adresse du groupement d'employeurs	Nom et adresse du groupement d'employeurs	Nom et adresse du groupement d'employeurs
□ **Salarié détaché (déclaration préalable de détachement à annexer au registre)**	□ **Salarié détaché (déclaration préalable de détachement à annexer au registre)**	□ **Salarié détaché (déclaration préalable de détachement à annexer au registre)**

Matricule	Matricule	Matricule
Nom de naissance	Nom de naissance	Nom de naissance
Nom d'usage	Nom d'usage	Nom d'usage
Prénom(s)	Prénom(s)	Prénom(s)
N° de sécurité sociale	N° de sécurité sociale	N° de sécurité sociale
Date de naissance	Date de naissance	Date de naissance
Nationalité	□ Française □ …………….	□ Française □ …………….
Sexe	□ Masculin □ Féminin	□ Masculin □ Féminin
Emploi	Emploi	Emploi
Qualification	Qualification	Qualification
Date d'entrée	Date d'entrée	Date d'entrée
Date de sortie	Date de sortie	Date de sortie
Date de la demande ou autorisation d'embauche (si requise)	Date de la demande ou autorisation d'embauche (si requise)	Date de la demande ou autorisation d'embauche (si requise)
Date de la demande ou autorisation de licenciement (si requise)	Date de la demande ou autorisation de licenciement (si requise)	Date de la demande ou autorisation de licenciement (si requise)
Travailleurs étrangers assujettis à la possession d'un titre autorisant l'exercice d'une activité salariée :	Travailleurs étrangers assujettis à la possession d'un titre autorisant l'exercice d'une activité salariée :	Travailleurs étrangers assujettis à la possession d'un titre autorisant l'exercice d'une activité salariée :
Type de document	Type de document	Type de document
Numéro d'ordre du document (copie du document annexée au registre)	Numéro d'ordre du document (copie du document annexée au registre)	Numéro d'ordre du document (copie du document annexée au registre)
Apprenti	□ Apprenti	□ Apprenti
Contrat de professionnalisation	□ Contrat de professionnalisation	□ Contrat de professionnalisation
Contrat à Durée Déterminée	□ Contrat à Durée Déterminée	□ Contrat à Durée Déterminée
Salarié à temps partiel	□ Salarié à temps partiel	□ Salarié à temps partiel
Travail temporaire	□ Travail temporaire	□ Travail temporaire
Nom et adresse de l'entreprise de travail temporaire	Nom et adresse de l'entreprise de travail temporaire	Nom et adresse de l'entreprise de travail temporaire
Salarié mis à disposition par un groupement d'employeurs	□ Salarié mis à disposition par un groupement d'employeurs	□ Salarié mis à disposition par un groupement d'employeurs
Nom et adresse du groupement d'employeurs	Nom et adresse du groupement d'employeurs	Nom et adresse du groupement d'employeurs
Salarié détaché	□ Salarié détaché (déclaration préalable de détachement à annexer au registre)	□ Salarié détaché (déclaration préalable de détachement à annexer au registre)

Nom de naissance	Nom de naissance	Nom de naissance
Prénom(s)	Prénom(s)	Prénom(s)
Date de naissance	Date de naissance	Date de naissance
□ Française □ .... □ Masculin □ Féminin	□ Française □ .... □ Masculin □ Féminin	□ Française □ .... □ Masculin □ Féminin
Qualification	Qualification	Qualification
Date de sortie	Date de sortie	Date de sortie
Date de la demande ou autorisation de licenciement (si requise)	Date de la demande ou autorisation de licenciement (si requise)	Date de la demande ou autorisation de licenciement (si requise)
Type de document	Type de document	Type de document
(copie du document annexée au registre)	(copie du document annexée au registre)	(copie du document annexée au registre)
□ Apprenti □ Contrat de professionnalisation □ Contrat à Durée Déterminée □ Salarié à temps partiel □ Travail temporaire	□ Apprenti □ Contrat de professionnalisation □ Contrat à Durée Déterminée □ Salarié à temps partiel □ Travail temporaire	□ Apprenti □ Contrat de professionnalisation □ Contrat à Durée Déterminée □ Salarié à temps partiel □ Travail temporaire
Nom et adresse de l'entreprise de travail temporaire	Nom et adresse de l'entreprise de travail temporaire	Nom et adresse de l'entreprise de travail temporaire
□ Salarié mis à disposition par un groupement d'employeurs	□ Salarié mis à disposition par un groupement d'employeurs	□ Salarié mis à disposition par un groupement d'employeurs
Nom et adresse du groupement d'employeurs	Nom et adresse du groupement d'employeurs	Nom et adresse du groupement d'employeurs
□ Salarié détaché (déclaration préalable de détachement à annexer au registre)	□ Salarié détaché (déclaration préalable de détachement à annexer au registre)	□ Salarié détaché (déclaration préalable de détachement à annexer au registre)

Partie réservée aux stagiaires (left margin)

Matricule	Matricule	Matricule	Matricule
Nom du stagiaire	Nom du stagiaire	Nom du stagiaire	Nom du stagiaire
Prénom(s) du stagiaire	Prénom(s) du stagiaire	Prénom(s) du stagiaire	Prénom(s) du stagiaire
Type de stage	☐ Formation en milieu professionnel ☐ Stage	☐ Formation en milieu professionnel ☐ Stage	☐ Formation en milieu professionnel ☐ Stage
Date de début	Date de début	Date de début	Date de début
Date de fin	Date de fin	Date de fin	Date de fin
Nom du tuteur	Nom du tuteur	Nom du tuteur	Nom du tuteur
Prénom du tuteur	Prénom du tuteur	Prénom du tuteur	Prénom du tuteur
Lieu(x) de présence du stagiaire	Lieu(x) de présence du stagiaire	Lieu(x) de présence du stagiaire	Lieu(x) de présence du stagiaire

Matricule	Matricule	Matricule	Matricule
Nom du stagiaire	Nom du stagiaire	Nom du stagiaire	Nom du stagiaire
Prénom(s) du stagiaire	Prénom(s) du stagiaire	Prénom(s) du stagiaire	Prénom(s) du stagiaire
Type de stage	☐ Formation en milieu professionnel ☐ Stage	☐ Formation en milieu professionnel ☐ Stage	☐ Formation en milieu professionnel ☐ Stage
Date de début	Date de début	Date de début	Date de début
Date de fin	Date de fin	Date de fin	Date de fin
Nom du tuteur	Nom du tuteur	Nom du tuteur	Nom du tuteur
Prénom du tuteur	Prénom du tuteur	Prénom du tuteur	Prénom du tuteur
Lieu(x) de présence du stagiaire	Lieu(x) de présence du stagiaire	Lieu(x) de présence du stagiaire	Lieu(x) de présence du stagiaire

Matricule	Matricule	Matricule	Matricule
Nom du stagiaire	Nom du stagiaire	Nom du stagiaire	Nom du stagiaire
Prénom(s) du stagiaire	Prénom(s) du stagiaire	Prénom(s) du stagiaire	Prénom(s) du stagiaire
Type de stage	☐ Formation en milieu professionnel ☐ Stage	☐ Formation en milieu professionnel ☐ Stage	☐ Formation en milieu professionnel ☐ Stage
Date de début	Date de début	Date de début	Date de début
Date de fin	Date de fin	Date de fin	Date de fin
Nom du tuteur	Nom du tuteur	Nom du tuteur	Nom du tuteur
Prénom du tuteur	Prénom du tuteur	Prénom du tuteur	Prénom du tuteur
Lieu(x) de présence du stagiaire	Lieu(x) de présence du stagiaire	Lieu(x) de présence du stagiaire	Lieu(x) de présence du stagiaire

Matricule	Matricule	Matricule	Matricule
Nom du stagiaire	Nom du stagiaire	Nom du stagiaire	Nom du stagiaire
Prénom(s) du stagiaire	Prénom(s) du stagiaire	Prénom(s) du stagiaire	Prénom(s) du stagiaire
Type de stage	☐ Formation en milieu professionnel ☐ Stage	☐ Formation en milieu professionnel ☐ Stage	☐ Formation en milieu professionnel ☐ Stage
Date de début	Date de début	Date de début	Date de début
Date de fin	Date de fin	Date de fin	Date de fin
Nom du tuteur	Nom du tuteur	Nom du tuteur	Nom du tuteur
Prénom du tuteur	Prénom du tuteur	Prénom du tuteur	Prénom du tuteur
Lieu(x) de présence du stagiaire	Lieu(x) de présence du stagiaire	Lieu(x) de présence du stagiaire	Lieu(x) de présence du stagiaire

Partie réservée aux stagiaires (right margin)

www.ingramcontent.com/pod-product-compliance
Lightning Source LLC
Chambersburg PA
CBHW080535190526

45169CB00008B/3172

* 9 7 8 1 5 3 0 5 1 0 3 5 1 *